48

Lb 2534.

APPEL

DE LA FRANCE

AUX ÉLECTEURS.

A PARIS,

CHEZ L'HUILLIER, LIBRAIRE, RUE DAUPHINE,

N.º 36.

1824.

APPEL

DE LA FRANCE

AUX ÉLECTEURS.

Ce furent toujours les abus du pouvoir qui firent alternativement détester les violences de la démocratie et l'insolence olygarchique, par ceux qui en redoutaient tous les genres de tyrannie. Un sot orgueil, des prétentions exagérées, l'ignorance ou l'ambition de quelques ministres, ont trop souvent contribué à corrompre l'esprit des citoyens, et à troubler l'harmonie des États par les plus impolitiques scissions. Tour-à-tour oppresseurs ou opprimés, on a vu les peuples les plus civilisés en proie à des anglantes révolutions, et à desré actions non moins fatales à ceux qui les ont exercées qu'à ceux qui en ont éprouvé les effets.

Lorsqu'après de longues et d'horribles commotions, une nation est assez heureuse pour se reposer sur des institutions qui assurent la stabilité du trône, l'honneur de la couronne et la félicité des sujets, elle doit conserver, dans toute son intégrité, le pacte

social qu'elle doit à son souverain, résister, avec autant de constance que de courage, aux passions qui
veulent ou recomposer ou détruire, et dont toutes les
atteintes sont funestes. Quand on entend de toutes
parts proscrire les lumières, sous prétexte qu'elles
sont nuisibles aux intérêts des peuples; quand on voit
de prétendus hommes d'état marcher à côté des pré-
jugés, sans dissimuler même qu'ils fondent sur eux
le retour des priviléges, on regrette que l'influence
progressive de tout ce qui tend à la sagesse, à la
science, au bonheur et à la vertu, soit si souvent
étouffé par l'ambition que rien n'arrête, ou par la
soif de l'autorité qui brave tous les obstacles, même
ceux qui paraissent les plus difficiles à surmonter.

On regrette de voir le peuple français lutter sans
cesse contre les abus du pouvoir; l'on se demande ce
qu'il doit attendre de la septennalité dont il est me-
nacé; et que deviendra sa Charte, lorsque, de royale
qu'elle est encore aujourd'hui, elle ne sera plus que
l'œuvre informe des ministres, et aussi temporaire
qu'eux? On se demande à quoi bon tant de débats,
tant de divisions, tant d'absurdes prétentions? Eh!
quoi, le temps n'est-il pas passé où le défaut
d'équilibre dans le gouvernement, où un boulever-
sement universel et journalier ébranlait tellement
toutes les nations, qu'elle attaquait même les facultés
individuelles? Tout était juste alors pour comprimer
l'audace et enchaîner la malveillance; mais est-ce
donc du sein de la paix la plus profonde que l'on vou-

drait rappeler ces règnes d'odieuse mémoire, où le pouvoir absolu dévorait toutes les existences, où le despotisme appauvrissait tous les talens, où l'arbitraire desséchait tous les cœurs? La Charte des Français ne les réunit-elle pas tous au Souverain dont elle est l'ouvrage? N'est-ce pas dans ce sanctuaire sacré que doivent se confondre nos opinions, nos désirs, nos intérêts et notre avenir?

Ce ne sont plus des systèmes qu'il faut établir, c'est l'esprit de nos institutions qu'il faut saisir. Ce n'est plus par d'extravagantes déclamations, ou par des innovations plus folles encore, que l'on peut prouver son patriotisme; c'est par l'accord spontané des principes qui le constituent qu'il faut en affermir les bases. Toutes ces craintes de retour des droits illégitimes, des droits de la féodalité ou des troubles qui suivent les républiques, ne sont plus que de vains fantômes qui cachent d'obscurs conspirateurs ou quelques ambitieux partisans du pouvoir. Tous ces anciens vestiges d'une liberté sans frein ou d'un despotisme sans bornes sont effacés; les sociétés prennent une direction dans laquelle leurs masses les entraînent et les emportent, et où l'esprit d'indépendance se combine avec l'exercice du pouvoir.

Dans cette situation politique de la France, et l'on peut dire de l'Europe entière, que veut-on, qu'attend-on de cet absurde et ambitieux système de septennalité que rêve le ministère, qui occupe tant d'esprits, qui fait déjà fermenter tant de têtes? Que doivent faire les électeurs pour opposer une digue à ce torrent dévastateur qui menace de se déborder sur toutes nos institutions, pour se garantir des envahissemens de la puissance ministérielle? Que doivent-ils faire? se lever tous pour défendre les institutions attaquées : c'est entre leurs mains que la France a déposé le soin de son bonheur ; tout doit stimuler leur zèle. Qu'ils ne se rebutent pas par de vaines clameurs ; c'est leur procès, c'est celui de leur pays qu'il s'agit de perdre ou de gagner! L'insouciance, l'hésitation et l'intérêt personnel seraient des crimes.

Deux grands intérêts divisent la France, le privilége et le droit commun. La Charte est venue en quelque sorte pour les concilier : elle n'a créé qu'une noblesse honorifique. Mais on veut autre chose : ce sont des droits positifs qu'on réclame pour elle. La Charte n'avait point prétendu séparer la noblesse et le travail ; elle n'avait reconnu que les aristocraties réelles qui se composent de toutes les supériorités sociales ; mais d'antiques priviléges ne l'ont point entendu ainsi : ils veulent, au travail qui enrichit, opposer des priviléges qui agrandissent leurs revenus, et des places qui puissent les accroître encore. Aussi, parle-t-on déjà d'une grande aristocratie territoriale. Les électeurs qui ne doivent leurs fonctions qu'à la division des propriétés, voteront-ils pour des hommes qui ne dissimulent pas de semblables projets, et qui ne demandent leur confiance que pour leur ravir leurs droits?

Le moment est venu où les classes plébéiennes peuvent se réunir, et prouver à l'Europe, par des choix constitutionnels, qu'elles veulent la royauté et la Charte, et qu'elles sont ainsi les ennemies les plus prononcées des révolutions. Dans tout le cours de la monarchie elles furent les appuis les plus solides et les plus utiles du trône, contre les prétentions d'une aristocratie turbulente et souvent factieuse. Aujourd'hui elles sont appelées à élever un rempart qui le défende des invasions du fanatisme et de l'orgueil; elles tiennent en leurs mains tous les intérêts de la patrie et toutes les conquêtes de la civilisation. Les colléges électoraux vont s'ouvrir; ils vont décider entre le privilége et le droit commun, entre les résultats de la révolution qui ont enrichi la France et les effets de la contre-révolution qui viennent de combler la ruine de l'Espagne; entre la tolérance et le fanatisme, entre le repos réel qui produit la liberté légale et le calme trompeur de la servitude qui précède les tempêtes.

S'il n'était question que de renouveler un cinquième, on concevrait encore cette insouciance, ou plutôt cette crainte de se compromettre, qui paralysait naguère certains électeurs. On n'avait alors aucune espérance, même par de bons choix, de changer cette majorité, qui cependant ne serait pas la même si tous les électeurs se fussent rendus à leur poste, ou s'ils eussent rempli leur devoir avec indépendance. Mais, dans ce moment, la majorité est à recomposer tout entière ; il n'y a plus de craintes isolées à concevoir ; tout le monde se compromet à la fois devant le ministère ; et si tout le monde s'entend , le ministère seul sera compromis.

Ceux qui se plaignent aujourd'hui de voir dans les administrations locales des hommes sous le pouvoir desquels ils ne trouveront pas la protection et le respect de leurs droits , les garderont sept ans s'ils ne votent pas cette fois avec indépendance. Ceux qui tiennent à cette propriété moyenne qui fait leur bonheur et la richesse de l'état , dans leur intérêt et celui de la France , ne donneront sûrement pas un mandat de sept ans à des hommes qui regardent cette propriété comme un fléau , et qui déjà invoquent hautement la haute aristocratie territoriale. Ceux qui , étrangers aux affaires de leur commune , gémissent de voir voter des fonds pour des superfluités , pendant que leurs ponts , leurs chemins vicinaux , leurs écoles , leurs presbytères ne peuvent pas même être réparés , se garderont bien de voter pour les candidats de l'aristocratie , s'ils ne veulent pas avoir sept ans le même système municipal ; sept ans ! peut-être , quelque chose de pire encore. Les banquiers , les manufacturiers , les négocians , les hommes de l'industrie , qui enrichissent l'état par leur travail , ne confieront pas , pendant sept ans , les lois qui intéressent le commerce intérieur et extérieur de la France à des députés qui ne les estiment pas , et qui renverseraient les institutions libérales , les seules bases de la félicité publique et des progrès des arts industriels.

Les électeurs fonctionnaires ou employés, qui voient chaque jour la destitution suspendue sur leur tête, et qu'on ménage cependant avec tant de soin au moment du renouvellement total, cesseront de trembler, et ne voteront pas pour des députés qui auraient sept ans pour s'emparer du petit nombre de places qui leur restent. La presque totalité des électeurs a des droits très-distincts de ceux de l'aristocratie; on en trouve la preuve dans la loi même qui sépare les électeurs des colléges d'arrondissement de ceux des grands colléges. Les premiers ont à eux seuls la majorité; et s'ils votent suivant leurs intérêts et leur conscience, la France, fatiguée de troubles, de révolutions et d'intrigues; la France, riche, puissante et paisible, aura des députés fidèles aux institutions que le Roi nous a données; des députés qui respecteront la Charte constitutionnelle, et préserveront le trône de ces flatteurs qui se placent toujours entre les rois et les peuples, aux dépens de la puissance des uns et de la prospérité des autres.

Tous les citoyens qui aiment la patrie, se réuniront dans les mêmes devoirs, dans les mêmes craintes et les mêmes espérances. La création de vingt-six nouveaux pairs ne doit pas moins les convaincre des appréhensions du ministère que de ses efforts. Si l'on renforce la chambre haute, c'est pour faire passer la septennalité, c'est-à-dire, la violation formelle de la Charte. Eh bien! plus le ministère prend à l'avance de précautions pour ne point rencontrer d'obstacles dans ses projets ultérieurs, plus les colléges électoraux doivent être attentifs à faire arriver, dans la chambre des députés, des hommes qui soient les défenseurs zélés de la Charte, et qui n'abandonnent pas, sans combattre, les garanties les plus précieuses de la patrie. C'est parce que le ministère peut toujours se donner la majorité dans la chambre des pairs, que la nation doit réunir tous ses efforts pour porter, à celle des députés, des défenseurs indépendants de la liberté et de ses droits; et ne serait-il pas bien étonnant que, lorsque les ministres, inquiets de la chambre aristocratique, sentent le besoin de s'y renforcer, la nation n'éprouvât pas celui d'augmenter, plus que jamais, dans la chambre qui veille plus spécialement à ses libertés, le nombre des députés les plus capables de résister aux envahissements du pouvoir?

Les électeurs n'ont pas seulement une mission, ils ont un devoir à remplir, et un devoir véritable, un devoir sacré. La France contient au moins trente millions d'habitans, parmi lesquels quatre-vingt mille au plus paient le cens voulu pour être électeur. Chacun de ces quatre-vingt mille privilégiés de la fortune représente donc trois cent soixante-quinze personnes, dont le nombre, déjà beaucoup trop considérable, sera bientôt porté à cinq cents, si les électeurs négligent de se rendre aux colléges, comme ils l'ont fait depuis plusieurs années. Les électeurs seraient donc dans une grande erreur, s'ils croyaient n'avoir à rendre compte que de leur propre vote, s'ils ne se croyaient obligés à une grande responsabilité envers leurs concitoyens. Ce n'est pas leur propre suffrage seulement qu'ils doivent à l'état, ce sont aussi les suffrages des masses qu'ils représentent, comme il est facile de le concevoir.

L'émission du vœu public est l'âme de tout gouvernement représentatif; mais la manifestation de ce vœu ne pouvant avoir lieu individuellement dans une grande population, il a fallu lui donner des organes pris dans son sein, et choisis d'après un mode quelconque. Or, ces organes, ou électeurs, ne sont évidemment que les représentans légitimes et naturels de la masse qui ne peut voter; comme, un peu plus tard, les députés deviennent les représentans des électeurs, qui ne peuvent tous siéger à la chambre. Les uns, comme les autres, ne peuvent ni ne doivent donc, sans forfaire, se soustraire aux devoirs qui leur sont imposés.

Le droit de suffrage est délégué par la loi; mais la nation n'entend pas en être privé. Si les électeurs en sont investis, c'est pour qu'ils en jouissent, c'est pour qu'ils l'exercent dans son intérêt; et moins ils sont nombreux, plus leurs fonctions deviennent importantes, plus elle a le droit d'attendre qu'ils réalisent l'espoir qu'elle a mis en eux. S'ils agissaient autrement, il est incontestable qu'ils abuseraient indignement de la confiance publique, et qu'il n'y aurait plus de gouvernement représentatif; puisque la torpeur des électeurs, ou tout autre intérêt plus vil encore, de leur part, priverait la nation de la seule voie légale qu'elle ait pour faire connaître son opinion. Si la loi qui réserve le droit d'élection à quatre-vingt mille Français, l'avait accordé à tous, chacun de ceux qui en aurait négligé l'exercice pourrait, quoiqu'à tort, se croire libre d'en agir ainsi; mais lorsqu'un électeur représente trois. quatre ou cinq cents voix, sa position est tout-à-fait différente; il est alors chargé d'une grande responsabilité morale envers la société; l'initiative ne lui appartient plus; il n'y a plus d'excuse valable : il doit voter, sous peine d'encourir l'indignation de tous ses concitoyens, dont il annihile les droits par une lâcheté ou une insouciance également coupables. Y a-t-il un plus beau droit à exercer, un devoir plus auguste à remplir, que celui d'émettre le vœu de la patrie, et de décider de son avenir?

A l'appui de ce que nous venons de dire, nous emprunterons, à un écrit périodique, quelques-uns des conseils qu'il donne aux électeurs, dans sa feuille du 16 décembre dernier (1).

« Il est urgent, dit le journaliste constitutionnel, que dès à présent les électeurs, amis de la patrie, et les plus influents, se concertent pour s'assurer d'abord de leur nombre. Ce premier dépouillement peut se faire d'une manière à peu près juste dans chaque localité. Une fois que l'on a compté et reconnu tous les siens, chacun doit se charger de conduire et de diriger

____

(1) *L'Ami de la Charte.* Journal du Puy-de-Dôme.

ceux qui, par leurs révélations, sont placés sous son influence plus immédiate. S'il est quelques électeurs qu'on suppose plus susceptibles de céder à des motifs de séduction, il faut chercher à la prévenir ou à la paralyser ; s'il en est d'autres, malheureusement toujours trop nombreux, qui, par négligence ou par paresse, s'abstiennent de se rendre à leur poste, il faut réchauffer leur patriotisme, stimuler au besoin leur amour-propre, leur rendre facile et peu coûteux un voyage qu'ils redoutent par indolence, ou par esprit d'économie. Après avoir reconnu le nombre des électeurs sur lesquels on peut compter, il faut proposer un candidat.

« Le candidat doit être choisi selon la localité, dans la nuance d'opinion la plus généralement répandue ; car toutes les nuances d'opinions libérales disparaissent aujourd'hui, et doivent se fondre dans l'opposition au ministère et à l'aristocratie. Cette opposition doit être bien connue, et non-seulement par des paroles et des promesses, mais par des notes et une conduite constamment soutenue. S'il se présente pour candidat un de ces hommes qui ont été nommés par tous les ministères, qui ont voté pour la loi du 5 février, et deux années plus tard pour celle du 29 juin, qui ont conservé leurs dignités et les émolumens du service sous tous les ministres ; vainement, loin des salons ministériels, affecteraient-ils un certain respect pour des institutions qu'ils n'ont pas voulu défendre ; vainement, essaieraient-ils de bégayer les doctrines consti-

tutionnelles qu'ils ont reniées au moment du péril :
de pareils hommes doivent être repoussés par tous
les électeurs libéraux ; et, en exprimant notre pensée
tout entière, dans l'intérêt de la chose publique, un
homme du côté droit, bien prononcé, bien exclusif,
vaut encore mieux que ces serviteurs complaisans du
pouvoir, qui semblent s'être immobilisés dans l'administration, quelque soit l'esprit qui la dirige.

» L'élection n'est point une affaire personnelle ; elle
ne doit être soumise ni à des considérations d'intérêt
particulier, ni à des affections privées. L'électeur
remplit à beaucoup d'égards les fonctions de juré ; il
prononce en âme et conscience sur le mérite et l'ap-
titude des candidats qu'on lui présente ; il juge dans
toute l'acception de ce mot, et il ne doit pas être
moins austère, moins indépendant, lorsqu'il s'agit de
décider de l'adoption ou de l'exclusion d'un député,
de qui peut dépendre le salut ou la ruine de la société, que lorsqu'il est question de prononcer sur
l'existence d'un de ses membres ; car si cette société
est mal administrée, à qui la faute, si ce n'est à ceux
qui lui ont donné des tuteurs ou des curateurs né-
gligents ou infidèles ? »

Cette année, plus que toutes les autres, les électeurs appelés à renouveller la chambre ont une tâche
de la plus haute importance à remplir, et doivent,
plus que jamais, y porter une conscience attentive et
courageuse. Ils sont assez avertis qu'ils vont concourir à
de grands changemens, qu'ils doivent contribuer à des

fondations nouvelles ; qu'ils se rappellent tout ce qu'a dit le ministère, tout ce qu'il a manifesté, toutes les espérances qu'il a conçues, toutes les prétentions qu'il a à satisfaire pour se maintenir, et ils sentiront toute l'importance du mandat qu'ils vont délivrer. Si le parti social est brisé, il sera remplacé par le pouvoir absolu, et il est d'autant plus à redouter, qu'il traine à sa suite la révolution des engagemens contractés, la restitution des biens du clergé, le rétablissement des communautés religieuses, des maîtrises, du droit d'aînesse et de tous les priviléges. Si la Charte est violée dans un de ses articles fondamentaux : dans les élections qui en font toute la force, qui seules en assurent la durée ; cet article détruit, quelle sera la garantie de la conservation des autres ? Les députés vont être élus pour sept ans ; échappé de la main des électeurs, plus de modifications à apporter au mandat. Les électeurs ne sauraient trop y songer : c'est pour sept ans qu'ils donnent à leurs délégués des pouvoirs constitués et supérieurs à la Charte.

On l'a déjà dit, mais on ne peut trop le répéter : la septennalité une fois fondée, il s'agira des registres de l'état civil, des indemnités prétendues par les émigrés, du droit d'aînesse, des lois communales, de la garde nationale, de la loi du recrutement, des colonies et de tous les traités de navigation et de commerce auxquels donnera lieu leur situation nouvelle. Et qui sait si l'on ne demandera pas ensuite des indemnités pour les anciennes propriétés et biens vendus, de manière que les Français qui auront perdu dans la révolution ou leurs parens ou leur , état à qui le maximum, les assignats, les proscriptions auront enlevé leurs fonds, paieront encore des indemnités à ceux qui n'auront perdu que des terres?

Que deviendrait la France, si l'époque des élections était encore, sans cette circonstance si décisive pour la grandeur et la félicité de la nation, une époque de marchés et de transactions. Non-seulement on a vu des individus promettre leur vote pour obtenir ou conserver un emploi, pour faire réussir des réclamations vainement renouvelées depuis plusieurs années, pour maintenir en place un fils, un gendre, un parent qu'un acte d'indépendance, auquel même ils seraient étranger, pouvait gravement compromettre; mais on a vu des populations entières, des bourgs, des villages, entrer en arrangement, se livrer. et, moyennant quelques condescendances électorales, obtenir ce qu'ils n'avaient pas et ce qu'ils désiraient, ou conserver ce qu'ils possédaient, et ce qu'on les menaçait de leur enlever. C'est ainsi qu'en sacrifiant constamment l'intérêt général à des intérêts privés ou à des prétentions communales, on a donné le sentiment de la faiblesse, on a ouvert la carrière à toutes les ambitions, on a nourri l'espoir du retour du passé et de l'envahissement de tous les pouvoirs.

Le ministère a merveilleusement exploité la faiblesse publique; il a profité de ce sentiment trop général du désir du repos et des jouissances de la vie

privée; il a su attaquer à la fois les individus et les
masses dans leurs intérêts les plus chers. A celui-ci il
fait craindre de déplacer son frère, son parent, de
lui faire perdre son existence; à cette ville, de trans-
férer ailleurs son tribunal, son collége, la troupe
qu'on y place en garnison; à ces professions de bou-
cher, boulanger, il pourra augmenter leur nombre
pour diminuer leurs profits. Partout il trouve un
moyen de corruption, et il sait le créer, quand il ne
le rencontre pas. Mais le comble de ce système d'ini-
quité et de corruption vient d'être proclamé dans les
circulaires de plusieurs commandans de départe-
ment, d'après les instructions du ministre de la
guerre. La noble profession des armes n'a pu échapper
à ce tribut de bassesse et de parjure. Le guerrier,
qu ine possédait que l'honneur joind à la modique
paie qui le faisait vivre lui et sa famille, doit perdre
ou cette paie ou cet honneur; il doit non-seulement
voter dans une opinion qui n'est peut-être point la
sienne, mais encore pour l'individu qui lui sera dési-
gné. En vain, vous répondra-t-il : quoi! vous m'obligez
à déshonorer la seule main qui me reste; mais alors
rendez-moi l'autre que j'ai laissé dans les champs de
Wagram ou d'Austerlitz, elle m'aurait servi à bêcher
la terre et à me soustraire à votre honteuse domina-
tion, etc. Aujourd'hui, couvert de dix blessures,
affaibli par les travaux de vingt campagnes, puis-je
recommencer un autre état, si vous me privez du
mien? Rendez-moi le sang que j'ai versé, les années

que j'ai perdues. Or , croyez-vous, ministres impru-
dents , que ce langage vous sera tenu par les seuls
guerriers de nos célèbres campagnes? Non , il le sera
également par le fidèle Vendéen , par le vétéran des
armées royales ; car ce qu'ils auraient peut-être fait
de sentiment et de cœur , ils répugneront à l'accord,
à la servile obéissance; ils rougiront d'autant plus
d'être soumis à une bassesse , qu'on devait plus s'en
rapporter à leur bonne foi , à leur dévouement , si
long-temps éprouvé; il n'est aucun d'eux qui ne re-
pousse le joug qu'on veut leur imposer , et nous osons
l'espérer, qui ne parvienne à s'y soustraire. « Il y a
loin , disait l'Hopital, du fer d'un assassin au cœur
d'un honnête homme ». Il y a loin aussi des menaces
de quelques agens subalternes à la ruine des vieux
défenseurs d'un pays. l'Hopital échappa aux meur-
triers ; les braves ne seront point victimes de la corruption.

Les fonctions et les obligations des électeurs sont
en ce moment plus graves que jamais , parce que les
députés , comme on doit le pressentir, auront à délibérer sur des objets d'une plus haute importance.
Appelés jusqu'à ce jour à la création des lois en harmonie avec la Charte , ils vont avoir maintenant à
défendre ce pacte inviolable contre les atteintes qu'on
lui prépare. A l'ouverture de la session, les mandataires du peuple jureront fidélité au Roi et à la Charte;
ce seul mot comprend tous leurs devoirs. L'homme
qui violerait un tel serment trahirait l'espoir de ses

concitoyens, tromperait leur attente, et ne mériterait plus de s'asseoir dans une assemblée française ; et l'électeur qui l'aurait nommé aurait lâchement livré le dépôt sacré confié à sa fidélité et à son courage.

La stabilité des institutions que le Roi nous a données, l'égalité parfaite devant les lois, et leur exécution sans acception de personnes ; l'ordre et l'économie dans les finances ; les lois depuis si long-temps et si vainement attendues sur la garde nationale, l'organisation municipale et la responsabilité des ministres, qui sont le complément de nos institutions ; la Charte enfin, mais la Charte inviolable, la Charte respectée par ses gardiens naturels : voilà ce que la France entière réclame de ses députés ; voilà ce que la patrie attend des électeusr. Les principes constitutionels ne peuvent pas périr, et une opposition qui s'appuie sur la Charte est invincible.

Le grand comité électoral de l'aristocratie, le ministére, a mis depuis longtemps tout son monde sous les armes, préfets, sous-préfets, maires et adjoints, receveurs des départemens, receveurs et percepteurs d'arrondissemens, directeurs généraux, administrateurs et employés de toutes les classes, les hommes achetés ou salariés par le ministère, se sont depuis plusieurs mois réunis en comité préparatoire ; leurs candidats sont nommés, la liste des présidens des colléges électoraux a suffisamment prouvé que tout marche d'un pas rapide à la conquête du pouvoir ; et l'on se croit si assuré du triomphe, que l'on regarde en pitié les candidats de l'industrie et de la propriété plébéienne, qu'on les dédaigne, dont on méprise la concurrence, et sur lesquels on se promet déjà de rejeter tout le poids des charges publiques.

Mais ce triomphe est-il aussi assuré qu'on le pense? Non, non, les électeurs des départemens imiteront les électeurs de la Seine; ils opposeront à cette coalition des intérêts anciens contre les intérêts nouveaux, l'unique garantie des libertés françaises, la Charte et la volonté suprême du monarque dont elle est l'ouvrage. Ils se réuniront aussi, s'ils ne l'ont pas fait encore, et ils s'entendront sur le choix de leurs députés; ils s'attacheront plus à la solidité des principes et à l'incorruptibilité des candidats, comme nous l'avons déjà dit, qu'à la couleur plus ou moins prononcée des opinions; ils sauront faire le sacrifice des localités et des affections particulières; il n'y aura plus pour eux ni côté droit, ni côté gauche; ils n'auront qu'une seule pensée, qu'un seul but, la patrie et le devoir; et leur choix se fixera bien plus encore sur les hommes connus par leur attachement à nos institutions, que sur ceux qui ne seraient distingués que par le mérite et le talent que l'on peut rechercher dans le monde, mais qui ne sont précieux à l'état que lorsqu'ils en constituent ou qu'ils en affermissent les bases.

Dans l'attitude où nous sommes aujourd'hui, en présence des ennemis de nos libertés, à la veille d'un combat décisif contre le privilège et le droit

commun, on ne verra point les électeurs constitutionnels déserter lâchement le champ de bataille,
fouler aux pieds le plus imposant et le plus sacré des
devoirs et tromper l'espoir et l'attente de la patrie en
danger. Tous les électeurs doivent savoir qu'il ne faut
qu'une voix de plus dans un collège pour faire donner
à un de leurs candidats la préférence sur un représen-
tant du privilège, qu'il ne faut dans la chambre élective qu'un député constitutionnel de plus, pour faire
rejeter par cette chambre les projets de ceux qui se
proposent de préluder cette année au renversement
de la charte, par la violation d'un de ses articles fondamentaux. Tous les citoyens doivent savoir que le
repos de la France, que le maintien du trône constitutionnel, peuvent dépendre de la présence ou de
l'absence d'un seul électeur. Enfin, on ne peut igno-
rer que dans ce moment suprême le sort de l'industrie
et de la liberté, l'existence des droits civils reposent
sur un seul vote peut-être. Les hommes de l'industrie,
les hommes de la propriété plébéienne ne se laisseront jamais enfoncer au rôle subalterne où l'aristocratie se propose de les faire descendre, et qu'elle
réserve déjà à ces ministres d'état, à ces grands di-
gnitaires, à ces magistrats qui doivent toute leur il-
lustration à la révolution, qui ne sont rien que par
elle, qui ne seraient rien sans elle, dont l'aristocratie
se sert aujourd'hui pour reconquérir le pouvoir absolu, et qu'elle fera rentrer demain dans l'obscurité à
laquelle ils doivent la naissance.

Ce sont surtout des candidats de leur classe et de leurs intérêts, d'inébranlables et d'incorruptibles défenseurs de la Charte, que les électeurs doivent appeller à la représentation nationale, et pour les obtenir, ils sauront braver de vaines menaces, des vexations d'un jour, et ne compromettront par le repos de leur avenir tout entier, pour conserver celui d'un moment, moment qui serait suivis d'éternels et d'inutiles regrets. Malgré le double vote et le double collége, le nombre des électeurs qui appartiennent au commerce, à l'industrie et à la propriété est encore assez grand et assez considérable pour porter à la chambre élective des hommes qui veuillent conserver à la France toutes les franchises qui lui sont promises, aux communes sa dignité qu'elles n'auraient jamais dû perdre, au commerce, à l'industrie, le rang et la considération où ils se sont élevés. Enfin dans les départements les plus exposés à l'influence aristocratique et à celle de l'autorité, il reste parmi les électeurs un assez grand nombre de citoyens vertueux pour signaler les abus, déjouer les intrigues et faire triompher la cause de l'indépendance légale. On ne saurait trop le répéter, ce n'est plus aujourd'hui d'un renouvellement partiel, d'une modification peu importante et passagère dont il s'agit; c'est de l'ensemble de nos institutions, c'est de tout notre avenir, c'est d'être ou de n'être pas.

Déjà le ministère exerce une puissance souveraine; il nomme les conseils généraux, les conseils d'arrondissemens, les conseils des communes, qui expriment au gouvernement les vœux des départemens, des arrondissemens et des communes ; il dispose d'une quantité innombrable de places de finances ; il nomme le ministère public qui poursuit, le magistrat qui juge, le juré qui prononce sur la vie ou l'honneur, l'avoué qui exerce. l'huissier qui exploite, le notaire qui préside aux actes de la famille, le garde qui veille à la propriété du citoyen, les directeurs généraux, les préfets, les sous-préfets. les maires, n'ont d'existence que par lui, ne la conservent qu'autant qu'il le veut ; il a le monopole de l'instruction, de l'administration du trésor, des sciences, des lettres et des arts ; il pèse sur toutes les institutions publiques, sur toutes les relations privées ; il est dans tout et partout : voilà son partage. Que reste-t-il à la nation ? le droit de choisir ses délégués : et l'on voudrait encore lui enlever ce fantôme de liberté ! Si les électeurs réfléchissent de sang froid, qu'ils observent ce qui se passe autour d'eux, s'ils sont frappés des mesures dont ils sont témoins, des projets qu'on ne craint pas d'annoncer pour l'avenir ; s'ils veulent se soustraire à une centralisation qui leur impose des choix, ils doivent faire des choix qui les affranchissent des excès et des abus de la centralisation.

Nous faisons donc de nouveau le plus pressant appel au patriotisme et à l'activité de tous les citoyens qui doivent concourir à la nomination des députés. Ils ne s'endormiront pas sans doute quand tous les agens de

l'administration veillent, et quand toutes les batteries
des ministres sont dressées; ils n'attendront pas qu'on
les met e dans l'impuissance d'y résister. Il est temps,
il est plus que temps que les amis de la patrie se ral-
lient au nom de nos libertés, qu'ils se réunissent et
qu'ils régissent. Ce n'est point aux fonctionnaires
amovibles, pour lesquels le ministère vote, puisqu'ils
doivent voter pour lui, que nous adressons nos exhor-
tations : cependant nous en avons vu plusieurs qui
ont mieux aimé risquer leur place que de renoncer à
un droit qu'ils regardaient, avec tant de raison et si
justement, comme sacré. Il en est encore beaucoup
qui donneront ce noble exemple d'indépendance et de
désintéressement, convaincus que voter autrement
que le ministère, n'est pas voter contre la monarchie.
Tous la veulent également sans doute ; mais tous ne
prennent pas les mêmes moyens pour la soutenir et
pour l'affermir.

Les nouveaux députés vont avoir à délibérer sur
une modification de la Charte : tous les Français qui
la regardent comme la seule garantie de la paix publique, de l'ordre et du repos, ne sauraient donc trop
réfléchir aux choix qu'ils vont faire; ils savent quels
intérêts cette Charte contrarie; c'est à eux à décider
s'ils veulent réveiller des prétentions qu'elle avait lais-
sées sans espérance. Mais si nous n'avons pour députés
que des défenseurs zélés des droits de la nation, nous
aurons des ministres qui penseront comme eux, et
nous aurons gagné aux opérations qui vont avoir lieu

un avantage incalculable ; les amis de la monarchie constitutionnelle pourront compter sur des suffrages que ne leur contestera plus la crainte de se voir privé d'une place, parce que les destitutions ne seront plus l'ouvrage du despotisme et de l'arbitraire.

La France qui a donné tous les exemples de gloire, celui de la dignité dans le malheur et de la foi dans les traités, comme de la générosité dans la victoire ; la France, qui vient de retrouver sa force, ne perdra pas de vue sa sagesse et sa grandeur : en vain ses ennemis osent s'en flatter. Les passions politiques peuvent surprendre pour quelques instans le bon sens national ; mais ce bon sens se réveille bientôt. Il faut peut-être se féliciter que la dissolution de la chambre ait été prononcée, et que l'on ait tenté l'épreuve d'une réélection générale dans une circonstance où il est difficile que l'opposition constitutionnelle risque de perdre plus qu'elle n'aurait perdu au renouvellement d'un cinquième.

La septennalité, projetée par le ministère, va porter tous les regards des électeurs sur les vrais amis de la Charte et du Roi. On sentira que la France n'a jamais plus éprouvé le besoin d'être représentée par des mandataires plus attentifs à ses intérêts matériels et à ses libertés politiques, qu'au moment où l'on tente de saper par ses fondemens le pacte constitutif de l'état. Les clameurs de la contre-opposition prouvent assez toutes les craintes qu'elle conçoit à cet égard ; et nous pourrions dire aussi : *la douleur de nos ennemis doit nous servir d'avertissement.* Quoique l'on ait pu faire, l'esprit public n'a pas cessé de se soutenir dans la ligne de la véritable liberté tracée par la Charte, et on la verra encore aujourd'hui soutenir tous ses droits et exercer son autorité salutaire, dans un moment où les questions politiques en sont venues à cette profondeur, où elles cessent d'être des intérêts de partis, pour devenir des intérêts nationaux. Il existe sur la carte politique d'un continent aussi généralement civilisé que le nôtre, des traits généraux et profonds qu'il n'est pas permis aux factions d'effacer dans leur passage.

On ne parviendra pas, comme on le voudrait, à doter le clergé et à lui rendre les actes civils; on cessera de rétablir de toutes parts des congrégations religieuses supprimées par les lois; on ne proposera plus d'imposer au pays des indemnités qui ne s'appliqueraient qu'à une classe de ceux qui ont souffert de la révolution; on ne parlera plus de relever le droit d'aînesse et d'abolir l'égalité des partages; on ne fera plus rentrer l'industrie, guidée aujourd'hui par le génie, dans les langes des maîtrises et des jurandes; on n'imprimera plus que les rois ne sont point engagés par leurs sermens; on n'érigera plus en axiome politique que la loi n'est autre chose que la volonté du maître; on ne violera point enfin un article formel de la Charte. On se souvient que lorsqu'une ordonnance eut solennellement déclaré que cette Charte ne serait point revisée, on traita de malveillants et de factieux ceux qui, à l'époque de cette ordonnance, demandaient des garanties et des institutions. D'après ce qui se passe aujourd'hui, on est obligé de convenir qu'ils n'avaient pas si grand tort, que leurs prédictions se sont accomplies, que leurs craintes sont prêtes à se réaliser.

Mais les colléges électoraux vont se réunir; on fait un appel général à l'opinion, tous les amis du trône et de la patrie y répondront librement; ils ne subordonneront point leurs votes à l'ambition d'un préfet ou aux sollicitations d'un homme puissant; rien ne pourra les influencer. Ils regarderont autour d'eux, ils examineront avec calme, et ils prononceront sans crainte comme ils agiront sans passion. Une nation ne se compromet pas quand elle exerce ses droits, quand elle remplit ses devoirs; mais elle serait bientôt avilie, si elle se laissait gouverner par ceux qui réveillent aujourd'hui la querelle de Molina et de Jansénius; qui rappellent, sous un gouvernement qui devrait être éclairé, les jésuites, bannis sous Henri IV, et chassés sous Louis XV; qui regardent l'auteur des Provinciales comme un écrivain suspect, Boileau comme un auteur impie, Massillon comme un orateur pernicieux, Bossuet comme un hérétique; le plus vertueux des prélats, Fénélon, comme un réprouvé; et qui, dans leur aveugle fureur, disent anathème à la mémoire de l'illustre président de Montesquieu.

On peut donner le nom de factieux et de révolutionnaires aux citoyens courageux qui s'élèvent contre

les abus du pouvoir; rien ne les empêchera d'avertir avec constance un ministère qui s'égare, de défendre les principes constitutionnels conservateurs de l'ordre social, de faire entendre leurs justes réclamations contre les atteintes qu'on voudrait porter à nos lois constitutives. Quelle que soit la puissance des ennemis de la liberté, la liberté en triomphera. Tous les rêveurs du rétablissement du despotisme passeront comme des ombres. Il ne restera du bruit que l'on fait, des erreurs que l'on médite, des destructions que l'on prépare, que des lois voulues par la France, que des lois conformes au siècle et aux besoins des nations, et à l'intérêt même des gouvernemens.

La septennalité rencontrera partout des oppositions : l'opinion publique se prononcera tous les jours de plus en plus contre elle : les hommes de tous les côtés, de toutes les nuances, se réuniront contre un projet qui ne peut trouver que des partisans et des défenseurs salariés. La France veut la Charte toute entière, et la France toute entière se lèvera pour la faire respecter. On peut maîtriser quelque temps l'opinion, la tromper par des sophismes, l'égarer par de fausses lueurs, mais la vérité surnage enfin, et l'opinion se réveille, triomphe de tous les obstacles, et reprend son empire. Il n'est pas question de savoir si le renouvellement intégral est plus avantageux à l'état que le renouvellement partiel; le fût-il en effet, il faudrait, avant de songer à l'admettre, consulter la Charte; où la Charte ne le veut, et ce mot suffit pour le proscrire. Ce mot répond à tous les hommes marqués au cachet de l'attache ministérielle : la Charte prescrit formellement le renouvellement par cinquième ; la Charte est inviolable pour tous, c'est un dépôt sacré confié par le chef de l'état à la fidélité de la garde nationale et de l'armée. Les pairs de France, les députés, les ministres, jurent fidélité au Roi et à la Charte. La France regarderait particulièrement comme parjure à leurs sermens tous ceux qui proposeraient ou adopteraient une mesure violatrice de notre pacte social.

Si l'on peut jamais accuser quelqu'un en France d'avoir osé porter une main téméraire et sacrilége sur la Charte constitutionnelle, ce ne sera pas au moins dans les rangs des hommes de l'opposition qu'il faudra chercher le coupable ; et cependant que n'a-t-on pas dit des députés que l'on appelle du côté gauche ? N'a-t-on pas répété à satiété que ceux qui, à la tribune ou dans leurs écrits, réclamaient la liberté, n'étaient que les successeurs des Marat et des Robespierre qui la proclamaient en 1793, et qu'ils la voulaient telle qu'elle régna alors, sanguinaire et belliqueuse, seconde en troubles intérieurs et en guerres extérieures. Mais on ne l'a pas cru, on ne le croira jamais. Quoi! des guerriers, couverts de nobles cicatrices, des magistrats vieillis dans la gloire du barreau, des banquiers, des manufacturiers, des commerçans, l'honneur de leur pays, des agriculteurs paisibles, des hommes de lettre, amis de l'ordre et du repos, demanderaient la liberté absolue? Cela est impossible; mais ce qu'ils demandent à grands cris est la stabilité des institutions émanées du trône, la sûreté des propriétés et des personnes, la paix et la liberté des mers : tout ce qui peut contribuer au bonheur de la nation et à sa grandeur. C'est cette passion pour le bien public qui les anime; voilà le but vers lequel ils se dirigent, l'espoir qui les soutient, les seuls principes dont ils se déclarent les apôtres, et dont ils ne cesseront jamais d'être les plus zélés et les plus ardens défenseurs.

D'après cela qu'on les traduise à l'opinion, qu'on les fasse considérer comme les ennemis de tout ordre social, qu'on cherche à leur enveler l'estime et les suffrages de la nation; on n'y arrivera pas. La France a vu d'un côté le calme constant de l'opposition, et de l'autre la violence de l'aristocratie et ses empiétemens sans mesure; elle pourra juger aisément quel est le parti qui veut aujourd'hui changer les institutions, altérer l'état social, opérer des déplacemens de choses et de personnes, troubler enfin le repos dont elle éprouve le si pressant besoin. Est-ce l'opposition qui a porté la première main sur ces lois, qui a fait succéder les systèmes aux systèmes, les hommes aux hommes, opéré du changement dans le matériel ou le personnel du gouvernement? Est-ce elle qui a modifié nos lois civiles et administratives, changé le système de l'éducation publique, rétabli les corporations religieuses, poussé successivement les unes devant les autres six générations de ministres et d'employés, substitué les lois aux lois, les hommes aux hommes? Est-ce elle qui menace aujourd'hui de mutiler la Charte, et qui manque au vœu que tout le monde s'était fait de la soutenir intacte et dans toute son intégrité? Est-ce elle enfin qui propose le renouvellement intégral et la septennalité? que les électeurs jugent, et qu'ils donnent ensuite leurs suffrages.

Des piéges toujours les mêmes ne peuvent long-temps égarer la multitude, l'expérience l'éclaire enfin et la désabuse. L'opinion peut se pervertir lorsqu'elle est abandonnée aux conjectures; elle se rétablit dans toute sa pureté quand elle est éclairée et qu'elle se repose sur les faits. Les électeurs de la France pénétrés de la sainteté et de l'importance du devoir que la société leur impose, se presseront en foule pour nommer leurs mandataires. Il ne se laisseront point séduire par un vil intérêt, ils ne seront point éblouis par des apparences trompeuses. Ils ne céderont à aucune influence, ils sauront déjouer les manœuvres de l'intrigue, les projets de la malveillance, et braveront également les embûches de la trahison et les traits de la calomnie. Uniquement occupés de la prospérité et de la gloire de la grande nation qu'ils représentent, ils ne feront tomber leurs choix que sur des hommes toujours prets à se dévouer pour elle; et la patrie reconnaissante ne verra dans ses députés que les constans défenseurs de ses droits, que des sujets fidéles à la monarchie constitutionnelle, que des citoyens inaccessibles à tout autre intérêt que celui de la France.

FIN.